RECHERCHES

SUR

LES MOYENS DE PRÉSERVER LA FRANCE

DES

GUERRES CIVILES.

Si vous croyez aux miracles, lisez les Évangiles ;
si vous ne croyez pas aux miracles, lisez aussi les
Évangiles ; lisez-les sans quitter les communions qui
vous sont chères ; eux seuls vous diront le secret de
la liberté ; eux seuls doivent être les régulateurs de
l'opinion, cette Reine du monde ; ajoutez à votre
instruction ces connaissances nouvelles ; la Patrie
vous le demande, sa gloire l'exige, son avenir en
dépend.

1.

A PARIS,

Chez TREUTTEL ET WÜRTZ, Libraires,
RUE DE LILLE, N° 17;

A Strasbourg, même Raison de Commerce, Grand' Rue, n° 15.

1839.

RECHERCHES

SUR

LES MOYENS DE PRÉSERVER LA FRANCE

DES

GUERRES CIVILES.

———

Nº I.

DE L'IMPRIMERIE DE CRAPELET,
RUE DE VAUGIRARD, Nº 9.

RECHERCHES

SUR

LES MOYENS DE PRÉSERVER LA FRANCE

DES

GUERRES CIVILES.

Si vous croyez aux miracles, lisez les Évangiles ; si vous ne croyez pas aux miracles, lisez aussi les Evangiles ; lisez-les sans quitter les communions qui vous sont chères ; eux seuls vous diront le secret de la liberté ; eux seuls doivent être les régulateurs de l'opinion, cette Reine du monde ; ajoutez à votre instruction ces connaissances nouvelles ; la Patrie vous le demande, sa gloire l'exige, son avenir en dépend.

A PARIS,

Chez TREUTTEL ET WÜRTZ, Libraires,
RUE DE LILLE, N° 17;

A Strasbourg, même Raison de Commerce, Grand' Rue, n° 15.

1839.

RECHERCHES

SUR

LES MOYENS DE PRÉSERVER LA FRANCE

DES

GUERRES CIVILES.

——————➤◦⟵——————

I.

« Quel est le fondement solide du repos et du
« bonheur des peuples ? Ce ne sont point les lois
« qui règlent leur constitution ou qui augmentent
« leur puissance, mais les institutions qui forment
« les citoyens et qui donnent du ressort à leurs
« âmes ; non les lois qui dispensent les peines et
« les récompenses, *mais la voix du public lors-*
« *qu'elle fait une exacte répartition du mépris* (1)
« *et de l'estime.* Telle est la décision *unanime*
« des législateurs, des philosophes, de tous les
« Grecs, peut-être de toutes les nations ! » (2)

---

(1) Le mot *mépris* a été adouci par le christianisme.
(2) *Voyage d'Anacharsis*, tome Ier.

Vous l'entendez, jeunes Français ! Telle est la décision unanime des législateurs, des philosophes, de tous les Grecs, peut-être de toutes les nations !

La nation qui distribue ses éloges avec discernement, possède dans ces éloges seuls des trésors plus précieux que les mines du Potose ; elle est définitivement la plus civilisée.

La France libre et intelligente doit se hâter d'apprendre à bien diriger son estime ; sa liberté, sa gloire, tout son avenir dépend de là. Si vous en doutez, écoutez d'une oreille attentive *la décision unanime des législateurs, des philosophes, de tous les Grecs, peut-être de toutes les nations.*

Pour apprendre à bien diriger votre estime, étudiez, étudiez encore, étudiez toujours les instructions précises, lumineuses, divines, du législateur des chrétiens ; là est le soleil qui doit échauffer les nations libres ; là est toute la civilisation, toute la lumière des siècles passés et des siècles futurs.

Étudiez attentivement ces principes, nations qui voulez être libres, et vous qui ne voulez errer jamais ni en politique, ni en administration.

Vous serez généreux, indulgent, pacifique, vous attacherez vos administrés par les liens puissants et indissolubles d'une affection filiale ; vous extirperez du cœur de l'enfance, par l'empire de l'exemple, ces germes d'égoïsme qui menacent nos belles institutions, et vous aurez avancé la construction du bel édifice dont les fondements ont été jetés aux jours immortels de Juillet.

II.

Le spirituel, savant et vertueux auteur de *l'Esprit des Lois*, d'accord avec la plupart des hommes d'État qui ont approfondi l'art de gouverner, Montesquieu, surnommé le législateur des nations, peut-être parce que son génie a plané comme un aigle au-dessus des nations, sans vouloir reconnaître les lignes idéales qui les séparent; Montesquieu, jaloux de travailler au bonheur de tous les peuples, en les instruisant des causes qui les élèvent ou qui les abaissent, soutient que les principes du christianisme, bien gravés dans les cœurs, seraient infiniment plus forts pour nous faire remplir nos devoirs, que le faux honneur des monarchies, les vertus humaines des républiques et la crainte servile des états despotiques.

Hâtons-nous donc de donner à nos enfants une idée correcte de ces annales merveilleuses, et de dissiper enfin les sombres nuages que l'erreur et l'égoïsme ont amoncelés autour de leur vivifiante lumière.

Usons de notre liberté naissante, pour affermir notre liberté naissante, et nous ne déserterons point la religion de nos pères ; nous ne serons point infidèles aux communions qui nous ont vu naître, lorsque nous lirons devant nos familles assemblées les livres de piété acceptés par les communions qui nous ont vu naître.

La naïveté du style des écrivains sacrés atteste leur candeur, leur ignorante simplicité, et les absout du reproche d'imposture et de mauvaise foi qu'on pourrait faire à d'habiles écrivains, à des philosophes, à des faiseurs de systèmes, à des idéologues, à des enthousiastes ; la haute, la profonde sagesse de l'Évangile, contraste merveilleusement avec l'ingénuité du style des écrivains sacrés.

Si les instructions divines contenues dans les évangiles étaient exposées académiquement, elles seraient incompréhensibles, et par conséquent inutiles à la presque totalité de l'espèce humaine.

Ce langage simple, naïf, ces paraboles ingénieuses, ces hyperboles animées, ces répétitions fréquentes sont nécessaires, sont indispensables pour atteindre la grossière intelligence de l'homme des champs et des forêts ; et pour ébranler son apathie, quel style convient mieux que celui des écrivains sacrés à l'organisation de l'espèce humaine ? Quel s'abaisse avec plus d'amour jusqu'à l'épaisse conception des hommes simples ou sauvages qu'il fallait instruire ; quel convient mieux pour les atteindre, pour les arracher au malheur ?

Substituez à ces manières naïves des locutions académico-soporifiques, et vous aurez défiguré tout ce bel ouvrage, et vous aurez endormi tout un auditoire, avant de vous être rendu intelligible.

N'oublions pas que, sur notre planète, un savant est auprès de dix mille ignorants. C'est aux dix mille ignorants qu'il faut d'abord penser, ensuite au savant. Laissez donc descendre la sagesse jusqu'à la portée des hommes simples et sans instruction, c'est-à-dire des majorités.

III.

Français, qui doutez de l'importance du christianisme pour le maintien des institutions libres, interrogez les nations instruites, industrieuses, éclairées, florissantes, qui vous ont précédés de cinquante ans, de cent cinquante ans dans la carrière de la liberté ; faites mieux : écoutez le silence, le vaste silence qui règne dans leurs cités populeuses pendant les heures destinées à la prière ; écoutez et jugez ! elles semblent désertes, tant le calme est profond ! et ce vaste silence est un libre silence ! un intelligent silence ! Lisez donc quelques romans de moins et un volume de plus, et qu'un jour vienne où les heures destinées à la prière donnent aussi à vos cités populeuses l'aspect

de villes désertes ; que dans ces heures solennel-
les le silence de vos grandes villes soit celui des
plus vastes et des plus solitaires forêts , et je di-
rai : Voilà un pays libre , voilà une nation intelligente et civilisée ! Voilà un peuple instruit dans
l'art de gouverner !

IV.

Écoutez le roi d'une nation puissante, riche,
populeuse, et qui domine les mers, invitant sa
noblesse à le seconder pour propager les divines
instructions du christianisme ; écoutez-le dire, en
s'adressant aux sommités sociales : « Milords et
« Messieurs, j'ai la certitude que vous inculque-
« rez, que vous encouragerez cette obéissance
« aux lois et cette observance des devoirs de la
« religion et de la morale, seul fondement assuré
« du pouvoir et du bonheur des empires (1).

V.

Écoutez l'un des plus profonds publicistes de
nos temps modernes (2), jaloux de l'honneur de
la France, sa patrie, résumant ainsi toutes ses
instructions sur la politique :

____

(1) Discours de clôture ; session de 1834.
(2) Mably, *Entretiens de Phocion.*

« Aimez et faites en un mot le bien de tous les
« hommes, si vous aimez votre patrie et voulez la
« servir utilement.

« Voilà, Aristias, ce que j'avais à vous dire sur
« les principes fondamentaux de la politique! »

Et reconnaissez dans ces paroles celles qui do-
minent le code évangélique, paroles sacrées qui
résument la loi des chrétiens.

La reconnaissance et l'amour envers le Créa-
teur, l'humilité, cette vertu exclusivement chrétienne, qui seule abat l'orgueil des nations rivales
et tarit la source de leurs inimitiés, joints au dé-
vouement pour la cause sainte de l'humanité,
sont les fondements impérissables de la gloire et
de la liberté dans votre patrie !

VI.

Écoutez encore, jeunes Français, ce publiciste,
votre compatriote, lorsqu'il vous révèle le secret
de la longue durée de Sparte :

« Cette vertu supérieure à l'amour de la pa-
« trie, c'est l'amour de l'humanité. Étendez vo-
« tre vue, mon cher Aristias, au delà des mu-
« railles d'Athènes : est-il rien de plus opposé à
« ce bonheur de la société, dont nous recher-
« chons le principe, que ces haines, ces ja-
« lousies, ces rivalités qui divisent les nations ?

« La nature a-t-elle fait les hommes pour se
« déchirer et se dévorer? Si elle leur ordonne de
« s'aimer, comment la politique serait-elle sage,
« en voulant que l'amour de la patrie portât les
« citoyens à rechercher le bonheur de leur ré-
« publique dans le malheur de ses voisins? Fai-
« sons disparaître ces frontières, ces limites qui
« séparent l'Afrique de la Grèce, et des provinces
« des barbares; et il me semble que ma raison
« s'étend, que mon esprit s'élève, que tout mon
« être s'agrandit et se perfectionne; s'il est doux
« pour moi de voir que mes concitoyens veillent
« à ma sûreté, combien n'est-il pas plus agréable
« de penser que le monde entier doit travailler à
« mon bonheur. »

VII.

Écoutez un homme d'État (1) que la France
voulait adopter au nombre de ses enfants, à cause
de sa vaste philanthropie, et dont la vie parlemen-
taire a duré quarante années, dire, en s'adressant
aux Anglais, ses compatriotes :

« Mais je donnerais moi-même un exemple de
« cette fausse honte que j'ai condamnée dans les

---

(1) Sir Wilberforce, auteur de l'ouvrage intitulé : *Le
christianisme des gens du monde mis en opposition avec le
véritable christianisme*, tome II, page 275.

« autres, si je ne me sentais le courage de déclarer
« que je suis dans la ferme conviction que c'est
« essentiellement à *la décadence de la religion*
« *et de la morale qu'il faut attribuer, soit direc-*
« *tement, soit indirectement, nos embarras poli-*
« *tiques, et que la seule espérance que je me*
« *permette d'entretenir pour le retour de la pro-*
« *spérité dans ma patrie, est fondée, moins sur*
« *la sagesse de son gouvernement ou l'esprit de*
« *ses citoyens, que sur mon intime persuasion*
« *qu'elle contient encore un grand nombre d'hom-*
« *mes qui aiment et qui honorent l'Évangile; que*
« *leur intercession contribuera à nous sauver, et*
« *qu'elle engagera Dieu à jeter sur nous un œil*
« *de protection.* »

Et vous, jeunes Français, qui aimez votre
patrie, tâchez de comprendre cette pensée d'un
homme célèbre, d'un esprit vaste, qui avait
étudié toutes les ressources, tous les chiffres de
l'Angleterre; vous formerez une nation éclairée,
savante dans la politique, si vous comprenez bien
cet important aphorisme; mais vous manquerez
de lumières, vous n'aurez pas atteint le degré de
civilisation que demande votre liberté naissante
si vous ne le comprenez pas.

« On n'a point assez remarqué, dit encore le
« même homme d'État (1), que le véritable chris-

_____

(1) Tome II, page 273.

« tianisme paraît particulièrement et puissam-
« ment calculé par sa nature essentielle pour
« assurer la conservation et augmenter la vi-
« gueur de tempérament des corps politiques :
« quelle est, dans le vrai, la grande maladie qui
« peut les atteindre ? la réponse sera courte :
« c'est *l'égoïsme.* »

L'égoïste qui sacrifie tout à soi est précisé-
ment l'inverse du chrétien qui se sacrifie tout
entier pour les autres. — L'égoïste n'a point de
patrie. — Le chrétien a pour patrie l'univers
tout entier, et particulièrement l'univers malheureux.

VIII.

La gloire d'une nation, c'est la liberté !

La France, libre aujourd'hui, aura-t-elle l'esprit de conserver les institutions qu'elle a eu l'esprit de conquérir ?

A-t-elle plus de liberté que n'en comporte l'état
de ses mœurs et de ses lumières ?

La raison, la faible raison de l'homme ne
peut décider cette question. Elle appartient à
l'avenir.

Notre devoir est d'étudier en famille les moyens
de conserver cette liberté chérie que nous possé-
dons enfin après tant et de si glorieux travaux,

et de la transmettre à la génération qui nous suit comme un noble héritage.

Ce devoir est le premier de tous nos devoirs ; Il est sacré. —

Ne pas l'accomplir c'est déserter les intérêts de la patrie.

IX.

La liberté a ses dangers, mais elle offre en compensation d'immenses avantages.

Le plus grand de tous les avantages que promet à la France sa liberté naissante, c'est le retour des Français au christianisme.

Ou la liberté doit périr, ou l'homme libre doit se courber sous la loi du Christ.

Remarque, ouvrier libre, l'hommage rendu aux divines Écritures par les nations qui t'ont précédé dans la carrière de la liberté ; vois ce grand jury composé de douze millions d'hommes libres, assemblé depuis cinquante ans, depuis cent cinquante ans, pour juger l'utilité du christianisme ; compte les millions de ces volumes répandus aujourd'hui sous le toit des familles dans les pays libres, à quelques communions d'ailleurs qu'elles appartiennent ; juge par des chiffres de l'opinion religieuse de l'Angleterre, de l'Amérique, de la Suisse, de la Hollande, et si tu mets ta confiance dans la décision de douze jurés, ne la refuse point à douze millions de jurés qui tous reconnaissent librement dans ce siècle de lumières l'authenticité des Écritures et leur divine autorité.

Vois ces nations, à mesure qu'elles avancent dans la noble carrière de la liberté, montrer plus de respect et d'amour pour la divine religion chrétienne.

Lis les documents officiels, les procès-verbaux des séances anniversaires tenues par les sociétés bibliques; admire et les travaux et les combats, et le noble désintéressement des héros missionnaires, qui s'avancent au milieu des nations anthropophages, au hasard d'être dévorés, afin d'empêcher l'homme d'égorger son frère; suis de l'œil la dispersion des lumières évangéliques; apprends que dans la libre Angleterre, que dans la libre confédération des États américains, on compte à peine une famille, une seule famille qui n'ait sous son toit ce livre protecteur, ce palladium de la liberté.

Ouvrier libre! si tu appartiens à la communion romaine, qui te justifiera de n'avoir pas lu à ta famille les Écritures de la communion romaine?

Tu le feras, ouvrier libre, quand tu auras compris que la liberté, la gloire de ta patrie, l'honneur de ta famille, sont attachés à l'étude de ce volume sacré.

X.

Chose remarquable! Lycurgue et Pythagore, en cherchant le principe fondamental qui devait assurer la longue durée de leurs institutions, se sont rencontrés auprès des lignes sacrées qui résument la loi et les prophètes.

Au nombre des disciples de Pythagore, il ne faut pas oublier le plus grand capitaine de la Grèce, le vertueux Épaminondas, qui le premier fit voir aux femmes de Sparte la fumée d'un camp ennemi.

La doctrine des disciples de Pythagore est résumée dans ces deux lignes :

« Pendant toute leur vie deux sentiments, ou
« plutôt un sentiment unique devait les animer :
« l'union intime avec les dieux, la plus parfaite
« union avec les hommes ». (1)

Maintenant, écoutons ce que nous commandent les Écritures :

« Tu aimeras Dieu de tout ton cœur, de toute
« ton âme et de toute ta pensée : voilà le pre-
« mier et le grand commandement. »

Et voici le second qui lui est semblable :

« Tu aimeras ton prochain comme toi-même. »

---

(1) *Voyage d'Anacharsis*, chap. 75.

De ces deux commandements dépendent toute la loi et les prophètes.

Pour juger Lycurgue, ce législateur le plus extraordinaire de l'antiquité, laissons encore parler le savant Mably :

« C'est Lycurgue dont on ne peut jamais assez
« admirer la sagesse et les lumières qui, le pre-
« mier des hommes, comprit combien il importe
« à un État qui veut se mettre à l'abri des insultes
« de ses voisins, de suivre à leur égard les lois de
« cette alliance éternelle que la nature établit en-
« tre tous les hommes. Il voulut que l'amour de
« la patrie, jusqu'alors injuste, féroce et ambi-
« tieux, fût épuré dans Lacédémone par l'amour
« de l'humanité. Sa république bienfaisante, ne
« se servant plus de ses forces que pour protéger
« la faiblesse et défendre les droits de la justice,
« mérita en peu de temps l'estime, l'amitié et le
« respect de toute la Grèce, à qui ces sentiments
« donnèrent un goût nouveau pour la vertu.

« Les ennemis de Sparte cessèrent de la haïr,
« et recherchèrent son alliance ; ses alliés, dont
« la reconnaissance n'était altérée par aucune
« crainte, ni même par aucun soupçon, devin-
« rent les appuis et les garants de son repos et de
« sa sûreté. Les Spartiates, en faisant leur bon-
« heur, firent celui de tous les Grecs. »

Les nations qui oublient ces importantes vérités proclamées par la voix de tous les grands lé-

gislateurs, et définitivement résumées et perfectionnées par le divin législateur des chrétiens, renoncent à la liberté ; celle qu'elles auraient accidentellement conquise ne serait pour ces nations qu'un rêve pénible suivi d'un réveil douloureux.

La liberté française, si elle n'était soutenue par ces impérissables aphorismes, ne serait qu'une préparation à l'anarchie, à la guerre civile et à un rigoureux despotisme.

L'Evangile qui nous présente cette loi souveraine de fraternité chrétienne, comme le tronc du grand arbre à l'ombre duquel doivent reposer un jour toutes les nations de la terre, l'Evangile est le palladium de la liberté des peuples.

Ce titre seul le rend digne de notre vénération profonde.

L'irréligion qui produit le cynisme des mœurs, prépare à la liberté de Juillet un grand et inévitable naufrage !

Nations qui voulez être bientôt affranchies, méditez le christianisme, faites-le méditer à vos enfants !

Nations libres qui voulez conserver votre liberté naissante, méditez le christianisme, faites-le méditer à vos enfants !

XI.

Pourquoi Montesquieu a-t-il, dans l'apologue des Troglodytes, effleuré seulement au lieu de l'approfondir, un sujet dont il avoue lui-même ailleurs l'importance?

A-t-il voulu, comme un fabuliste ingénieux, attirer l'attention de ses légers compatriotes, en cachant les instructions savantes de l'Evangile sous les voiles transparents de l'allégorie?

Regardait-il de plus grands développements sur cet important sujet, comme inutiles pour l'époque où il écrivait?

Ne serait-ce pas plutôt parce qu'il manquait, en écrivant, de la liberté de dire toute sa pensée sur le christianisme; cherchez à résoudre vous-même cette question.

Citons ici deux de ses *Lettres Persanes*, et souvenons-nous, en les lisant, que les vastes connaissances et les longues méditations de Montesquieu ont produit l'*Esprit des Lois*.

Voyons comment il va nous donner, dans sa onzième Lettre persane, un aperçu des maux qu'engendre l'égoïsme dans les pays libres, et nous déciderons si nous devons continuer d'admirer l'égoïsme.

« Il y avait en Arabie un petit peuple appelé

« Troglodyte, qui descendait de ces anciens Tro-
« glodytes, qui, si nous en croyons les historiens,
« ressemblaient plus à des bêtes qu'à des hommes.
« Ceux-ci n'étaient point si contrefaits, ils n'étaient
« point velus comme des ours; ils ne sifflaient
« point, ils avaient des yeux; mais ils étaient si
« méchants et si féroces, qu'il n'y avait parmi eux
« aucun principe d'équité ni de justice.

« Ils avaient un roi d'une origine étrangère
« qui, voulant corriger la méchanceté de leur na-
« turel, les traitait sévèrement; mais ils conju-
« rèrent contre lui, le tuèrent et exterminèrent
« toute la famille royale.

« Le coup étant fait, ils s'assemblèrent pour
« choisir un gouvernement; et après bien des
« dissensions, ils créèrent des magistrats; mais à
« peine les eurent-ils élus, qu'ils leur devinrent
« insupportables, et ils les massacrèrent encore.

« Ce peuple, libre de ce nouveau joug, ne con-
« sulta plus que son naturel sauvage; tous les par-
« ticuliers convinrent qu'ils n'obéiraient plus à
« personne; que chacun veillerait uniquement à
« ses intérêts sans consulter ceux des autres.

« Cette résolution unanime flattait extrême-
« ment tous les particuliers; ils disaient : Qu'ai-je
« affaire d'aller me tuer à travailler pour des gens
« dont je ne me soucie point? Je penserai unique-
« ment à moi; je vivrai heureux; que m'importe
« que les autres le soient? je me procurerai tous

2

« mes besoins, et pourvu que je les aie, je ne me
« soucie point que tous les autres Troglodytes
« soient misérables.

« On était dans le mois où l'on ensemence les
« terres ; chacun dit : Je ne labourerai mon champ
« que pour qu'il me fournisse le blé qu'il me faut
« pour me nourrir ; une plus grande quantité me
« serait inutile : je ne prendrai pas de la peine
« pour rien.

« Les terres de ce petit royaume n'étaient pas
« de même nature ; il y en avait d'arides et de
« montagneuses, et d'autres qui, dans un terrain
« bas, étaient arrosées de plusieurs ruisseaux.
« Cette année la sécheresse fut très grande, de
« manière que les terres qui étaient dans les lieux
« élevés manquèrent absolument, tandis que
« celles qui purent être arrosées furent très fer-
« tiles ; ainsi les peuples des montagnes périrent
« presque tous de faim par la dureté des autres
« qui leur refusèrent de partager la récolte.

« L'année ensuite fut très pluvieuse : les lieux
« élevés se trouvèrent d'une fertilité extraordi-
« naire, et les terres basses furent submergées.
« La moitié du peuple cria une seconde fois fa-
« mine ; mais ces misérables trouvèrent des gens
« aussi durs qu'ils l'avaient été eux-mêmes.

« Un des principaux habitants avait une femme
« fort belle ; son voisin en devint amoureux et
« l'enleva : il s'émut une grande querelle, et après

« bien des injures et des coups, ils convinrent de
« s'en remettre à la décision d'un Troglodyte, qui,
« pendant que la république subsistait, avait eu
« quelque crédit. Ils allèrent à lui, et voulurent
« lui dire leurs raisons. Que m'importe, dit cet
« homme, que cette femme soit à vous ou à vous ?
« J'ai mon champ à labourer; je n'irai peut-être
« pas employer mon temps à terminer vos diffé-
« rends et travailler à vos affaires, tandis que je
« négligerai les miennes; je vous prie de me laisser
« en repos et de ne m'importuner plus de vos
« querelles; là-dessus il les quitta, et s'en alla tra-
« vailler ses terres. Le ravisseur, qui était le plus
« fort, jura qu'il mourrait plutôt que de rendre
« cette femme, et l'autre, pénétré de l'injustice
« de son voisin et de la dureté du juge, s'en re-
« tournait désespéré, lorsqu'il trouva dans son
« chemin une femme jeune et belle qui revenait
« de la fontaine; il n'avait plus de femme; celle-
« là lui plut, et elle lui plut bien davantage lors-
« qu'il apprit que c'était la femme de celui qu'il
« avait voulu prendre pour juge, et qui avait été
« si peu sensible à son malheur; il l'enleva et l'em-
« mena dans sa maison.

« Il y avait un homme qui possédait un champ
« assez fertile qu'il cultivait avec grand soin.
« Deux de ses voisins s'unirent ensemble, le chas-
« sèrent de sa maison, occupèrent son champ; ils
« firent entre eux une union pour se défendre

« contre tous ceux qui voudraient l'usurper; et
« effectivement ils se soutinrent par là pendant
« plusieurs mois; mais un des deux, ennuyé de
« partager ce qu'il pouvait avoir tout seul, tua
« l'autre et devint seul maître du champ. Son em-
« pire ne fut pas long : deux autres Troglodytes
« vinrent l'attaquer; il se trouva trop faible pour
« se défendre, et il fut massacré.

« Un Troglodyte presque tout nu vit de la laine
« qui était à vendre : il en demanda le prix; le
« marchand dit en lui-même : naturellement je
« ne devrais espérer de ma laine qu'autant d'ar-
« gent qu'il en faut pour acheter deux mesures
« de blé; mais je la vais vendre quatre fois davan-
« tage, afin d'avoir huit mesures. Il fallut en pas-
« ser par là et payer le prix demandé. Je suis bien
« aise, dit le marchand; j'aurai du blé à présent.
« Que dites-vous, reprit l'étranger, vous avez
« besoin de blé? J'en ai à vendre; il n'y a que le
« prix qui vous étonnera peut-être, car vous
« saurez que le blé est extrêmement cher, et que
« la famine règne presque partout : mais rendez-
« moi mon argent, et je vous donnerai une me-
« sure de blé, car je ne veux pas m'en défaire
« autrement, dussiez-vous crever de faim.

« Cependant une maladie cruelle ravageait la
« contrée. Un médecin habile y arriva du pays
« voisin, et donna ses remèdes si à propos, qu'il
« guérit tous ceux qui se mirent dans ses mains.

« Quand la maladie eut cessé, il alla chez tous
« ceux qu'il avait traités demander son salaire;
« mais il ne trouva que des refus; il retourna
« dans son pays, et il y arriva accablé des fatigues
« d'un si long voyage; mais bientôt après il ap-
« prit que la même maladie se faisait sentir de
« nouveau et affligeait plus que jamais cette terre
« ingrate; ils allèrent à lui cette fois, et n'atten-
« dirent pas qu'il vînt chez eux : Allez, leur dit-
« il, hommes injustes, vous avez dans l'âme un
« poison plus mortel que celui dont vous voulez
« guérir; vous ne méritez pas d'occuper une place
« sur la terre, parce que vous n'avez point d'hu-
« manité, et que les règles de l'équité vous sont
« inconnues; je croirais offenser les dieux qui
« vous punissent si je m'opposais à la justice de
« leur colère. »

Avis aux nations qui veulent être libres et qui
ont assez de bonhomie, de candeur pour hono-
rer l'égoïsme !

Voyons maintenant comment l'auteur, dans la
lettre suivante, va nous faire sentir les bienfaits
du christianisme pour la prospérité des nations.

« Tu as vu, mon cher Mirza, comment les
« Troglodytes périrent par leur méchanceté même
« et furent les victimes de leurs propres injustices.
« De tant de familles il n'en resta que deux qui
« échappèrent aux malheurs de la nation. Il y
« avait dans ce pays deux hommes bien singuliers :

« ils avaient de l'humanité; ils connaissaient la
« justice ; ils aimaient la vertu : autant liés par la
« droiture de leur cœur que par la corruption de
« celui des autres , ils voyaient la désolation gé-
« nérale et ne la ressentaient que par la pitié :
« c'était le motif d'une union nouvelle; ils tra-
« vaillaient avec une sollicitude commune pour
« l'intérêt commun ; ils n'avaient de différends
« que ceux qu'une douce et tendre amitié faisait
« naître, et dans l'endroit du pays le plus écarté,
« séparés de leurs compatriotes indignes de leur
« présence , ils menaient une vie heureuse et tran-
« quille : la terre semblait produire d'elle-même,
« cultivée par ces vertueuses mains.

« Ils aimaient leurs femmes , et ils en étaient
« tendrement chéris : toute leur attention était
« d'élever leurs enfants à la vertu ; ils leur repré-
« sentaient sans cesse les malheurs de leurs com-
« patriotes , et leur mettaient devant les yeux cet
« exemple si touchant : ils leur faisaient surtout
« sentir que l'intérêt des particuliers se trouve
« toujours dans l'intérêt commun ; que vouloir
« s'en séparer, c'est vouloir se perdre ; que la
« vertu n'est point une chose qui doive nous coû-
« ter ; qu'il ne faut point la regarder comme un
« exercice pénible, et que la justice pour autrui
« est une charité pour nous.

« Ils eurent bientôt la consolation des pères
« vertueux, qui est d'avoir des enfants qui leur

« ressemblent. Le jeune peuple qui s'éleva sous
« leurs yeux s'accrut par d'heureux mariages ;
« le nombre augmenta, l'union fut toujours la
« même, et la vertu, bien loin de s'affaiblir dans
« la multitude, fut fortifiée au contraire par un
« plus grand nombre d'exemples.

« Qui pourrait représenter ici le bonheur de
« ces Troglodytes ? Un peuple si juste devait être
« chéri des dieux. Dès qu'il ouvrit les yeux pour
« les connaître, il apprit à les craindre, et la re-
« ligion vint adoucir dans les mœurs ce que la
« nature y avait laissé de trop rude.

« Ils instituèrent des fêtes en l'honneur des
« dieux : les jeunes filles ornées de fleurs et les
« jeunes garçons les célébraient par leurs danses
« et par les accords d'une musique champêtre ; on
« faisait ensuite des festins où la joie ne régnait pas
« moins que la frugalité : c'était dans ces assem-
« blées que parlait la nature naïve ; c'est là qu'on
« apprenait à donner le cœur et à le recevoir ;
« c'est là que la pudeur virginale faisait en rou-
« gissant un aveu surpris, mais bientôt confirmé
« par le consentement des pères ; et c'est là que
« les tendres mères se plaisaient à prévoir par
« avance une union douce et fidèle.

« On allait au temple pour demander les fa-
« veurs des dieux ; ce n'étaient pas les richesses et
« une onéreuse abondance ; de pareils souhaits
« étaient indignes des heureux Troglodytes ; ils ne

« savaient les désirer que pour leurs compatrio-
« tes ; ils n'étaient au pied des autels que pour
« demander la santé de leurs pères, l'union de
« leurs frères, la tendresse de leurs femmes,
« l'amour et l'obéissance de leurs enfants : les
« filles y venaient apporter le tendre sacrifice de
« leur cœur, et ne leur demandaient d'autre grâce
« que celle de pouvoir rendre un Troglodyte heu-
« reux.

« Le soir, lorsque les troupeaux quittaient les
« prairies et que les bœufs fatigués avaient ramené
« la charrue, ils s'assemblaient, et dans un repas
« frugal, ils chantaient les injustices des premiers
« Troglodytes et leurs malheurs ; la vertu renais-
« sante avec un nouveau peuple et sa félicité : ils
« chantaient ensuite les grandeurs des dieux, leurs
« faveurs toujours présentes aux hommes qui les
« implorent, et leur colère inévitable à ceux qui
« ne les craignent pas ; ils décrivaient ensuite les
« délices de la vie champêtre et le bonheur d'une
« condition toujours parée de l'innocence ; bien-
« tôt ils s'abandonnaient à un sommeil que les
« soins et les chagrins n'interrompaient jamais.

« La nature ne fournissait pas moins à leurs
« désirs qu'à leurs besoins : dans ce pays heureux
« la cupidité était étrangère ; ils se faisaient des
« présents où celui qui donnait croyait toujours
« avoir l'avantage : le peuple troglodyte se regar-
« dait comme une seule famille ; les troupeaux

« étaient presque toujours confondus ; la seule
« peine qu'on s'épargnait ordinairement, c'était
« de les partager. »

XII.

Si vous voulez former des colonies florissantes,
soit en France, soit dans la régence d'Alger ; ras-
semblez d'abord des soldats d'élite, nobles de
cœur.

Avec ces soldats d'élite, nobles de cœur, je
réponds de la prospérité durable de vos établissements, et l'Afrique est à vous.

Mais avec des Troglodytes du numéro premier,
je réponds de l'inutilité de vos efforts.

Et cependant si les mauvais Troglodytes sont
en minorité, et pour ainsi dire rares et dissémi-
nés au milieu des nobles guerriers, ceux-ci sauront les dompter, les mettre au pas.

La liberté n'est pour l'homme dépravé que la
liberté de faire le mal ; c'est un rêve de courte durée ; l'homme dépravé est destiné à l'esclavage.
Son intelligence et son courage ne pourront le
sauver de la servitude ; il trouvera toujours autour de lui quelqu'un de plus méchant que lui,
et s'il a le triste avantage d'être lui-même le plus
habile et le plus égoïste de tous, il emploiera son
égoïsme et son intelligence à opprimer ses semblables, et tous ensemble seront malheureux.

D'ailleurs, est-ce tout que de nourrir le corps de l'homme, de l'arracher aux horreurs de la misère, aux angoisses de la famine?

A-t-il tout ce qu'il lui faut, lorsqu'il trouve pour prix de ses sueurs une vie amère et des contrariétés toujours renaissantes?

Commencez donc à former des hommes laborieux, humains, charitables, et vous penserez ensuite à fonder en Afrique des établissements agricoles. Là est toute la difficulté.

Aussitôt que vous aurez rassemblé des chrétiens généreux sur la terre d'Afrique, vous la verrez fleurir comme une rose. Des jardins français orneront le désert; de joyeuses et spirituelles chansons accompagneront dans chaque village les travaux aimables de l'agriculture; la terre cultivée par des guerriers chrétiens s'empressera de leur donner l'abondance.

Ce problème n'est pas si difficile à résoudre que vous le pensez.

La France abonde en généreux officiers et en soldats remplis d'honneur; vous en trouverez un nombre suffisant pour former les cadres de plusieurs régiments d'élite destinés à fertiliser la terre d'Afrique; et ces vaillants soldats sauront la protéger contre les déprédations de l'Arabe vagabond; ils sauront empêcher l'Arabe vagabond de vendre ou de décapiter les chrétiens.

Vous verserez au milieu de ces régiments d'élite un petit nombre de nos Troglodytes indociles, afin de les rendre dociles, et ils deviendront à leur tour des soldats d'élite et des citoyens dignes de la liberté.

Car le Français vicieux n'est souvent qu'un étourdi; son cœur est généreux et sensible à l'honneur; il tressaille au nom sacré de la patrie; montrez-lui bien ce qu'il doit faire pour la servir, cette patrie si chère à son cœur, et lorsqu'il vous aura compris, vous le verrez se plier de lui-même à la plus rigoureuse obéissance.

XIII.

Les premiers cadres de la nouvelle armée d'Afrique seront formés de troupes d'élite.

Après une année, ces compagnies seront divisées chacune en huit parties, et chacune de ces huit parties formera le cadre d'une compagnie nouvelle.

Chaque compagnie nouvelle sera formée à l'aide des conscriptions ou par des enrôlements volontaires.

Dans ces corps, les avancements seront très rapides; ils seront la récompense de la bonne conduite, de l'amour du travail, de la tempérance, de l'amour de la gloire, et d'une piété éclairée.

Ces cadres une fois bien formés et composés

d'instituteurs militaires qui joindront une éner-
gie martiale à la bienveillance chrétienne, rece-
vront des enrôlements volontaires, c'est-à-dire des
hommes de bonne et de mauvaise conduite, mais
qui soumis à la discipline militaire de ces camps
agricoles, et à l'autorité du bon exemple, aban-
donneront peu à peu leurs mauvaises habitudes.

Ces camps seront une terre d'asile pour celles de
nos familles françaises persécutées par ces adver-
sités commerciales auxquelles souvent il leur a
été impossible de se soustraire, et qui, ayant
travaillé pour vivre, n'ont point trouvé à vivre
en travaillant.

La discipline sévère, mais toute chrétienne de
ces camps, recevra ces nouveaux associés comme
des frères malheureux, comme des amis qui se
sont trompés de chemin dans le court pèlerinage
de la vie, et auxquels on offre une aimable hos-
pitalité.

La réception de chaque nouveau camarade se
fera suivant des cérémonies simples, dont l'objet
sera tout fraternel. On l'aidera le premier jour à
labourer son champ, à bâtir sa maison ; il sera
comme le chef qui commande et aux ordres
duquel on se plaît à obéir. Ce mot d'ordre sera
donné pour les réceptions, et un bon verre de
vin d'Afrique sera bu à sa santé au milieu d'un
joyeux repas.

Au bout de dix ans, la plus belle armée sortira

de ces établissements ; on y apprendra le tir de la carabine , et la guerre , prenant un caractère purement défensif, l'Arabe aura perdu les avantages qu'il tire de sa mobilité et de la puissance du désert.

XIV.

Le bon et brave et loyal Henri IV qui ne connaissait pas l'égoïsme, nous a donné cette belle maxime qu'adoptait sans doute aussi son ami Sully :

« Le gouvernement est bien organisé lorsqu'il « n'y a point d'hommes ni de champs inutiles ; il « est plus défectueux à proportion qu'il y a des « hommes désœuvrés et des champs incultes. »

Le grand cœur de l'intelligent roi de Navarre lui révélait ces grandes vérités et lui faisait dire à peu près les mêmes choses que l'auteur de l'*Esprit des Lois*.

Le Troglodyte qui ne travaille que pour lui seul déserte l'Évangile, car l'Évangile nous recommande, sous des peines très sévères, de tirer tout le parti possible de nos facultés afin de servir la grande famille humaine.

La lecture de ces savantes instructions doit être de rigueur dans les familles colonisées à quelque communion d'ailleurs qu'elles appartiennent : tout leur avenir en dépend ; tous les germes de la prospérité future des colonies et des nations est dans les évangiles; j'en appelle ici à tous les grands hommes d'État, et à vingt millions d'hommes actuellement libres.

Voyez seulement la richesse contenue dans quelques lignes de l'une de ces paraboles savantes qui, sous un style âpre et quelquefois sauvage, illumine tout à coup l'esprit des plus profonds législateurs.

Imaginez une nation, une colonie naissante où l'homme qui a reçu de la nature une vaste intelligence, emploie toute cette intelligence à servir ses frères; ne voyez-vous pas de quelle utilité cet homme est à la société?

Imaginez au contraire cette vaste intelligence accompagnée d'égoïsme, cessant de produire parce qu'elle se trouve sans inquiétude pour ses propres besoins, s'arrêtant oisive, lorsque des malheureux demandent des secours; que pensez-vous que l'Évangile lui promette pour un *crime semblable?* Lisez et relisez devant vos familles assemblées, et cette instruction et mille autres instructions riches, brillantes, dont les livres sacrés étincellent.

Nous ne résisterons point ici à l'envie de citer cette parabole qui contient, on peut le dire, d'immenses trésors; et, afin de satisfaire les consciences les plus timorées, nous mettrons en regard les deux traductions du même texte, l'une de M. de Sacy, adoptée par l'église catholique, et l'autre de M. Martin, pour le culte réformé. Ces lignes, écrites par de pauvres pécheurs, contiennent un cours complet d'économie politique plus savant que celui de M. Say.

TRADUCTION DE DAVID MARTIN.	TRADUCTION DE M. DE SACY.
(Matthieu, ch. xxv.)	
14. Car il en est de lui comme d'un homme qui, s'en allant dehors, appela ses serviteurs, et leur commit ses biens.	14. Car le Seigneur agit comme un homme, qui, devant faire un long voyage hors de son pays, appela ses serviteurs, et leur mit son bien entre les mains.
15. Et il donna à l'un cinq talents, et à l'autre deux, et à un autre un ; à chacun selon sa portée ; et aussitôt après il partit.	15. Et ayant donné cinq talents à l'un, deux à l'autre, et un à l'autre, selon la capacité différente de chacun d'eux, il partit aussitôt.
16. Or celui qui avait reçu les cinq talents, s'en alla, et en trafiqua, et gagna cinq autres talents.	16. Celui donc qui avait reçu cinq talents, s'en alla ; il trafiqua avec cet argent, et il en gagna cinq autres.
17. De même celui qui avait reçu les deux talents, en gagna aussi deux autres.	17. Celui qui en avait reçu deux, en gagna de même encore deux autres.
18. Mais celui qui n'en avait reçu qu'un, s'en alla, et l'enfouit dans la terre, et cacha l'argent de son maître.	18. Mais celui qui n'en avait reçu qu'un, alla creuser dans la terre, et y cacha l'argent de son maître.
19. Or long-temps après, le maître de ces serviteurs vint, et fit compte avec eux.	19. Long-temps après, le maître de ces serviteurs, étant revenu, leur fit rendre compte.
20. Alors celui qui avait reçu les cinq talents, vint, et présenta cinq autres talents, en disant : Seigneur, tu m'as confié cinq talents ; voici, j'en ai gagné cinq autres par-dessus.	20. Et celui qui avait reçu cinq talents vint lui en présenter cinq autres, en lui disant : Seigneur, vous m'aviez mis cinq talents entre les mains, en voici, outre ceux-là, cinq autres que j'ai gagnés.
21. Et son seigneur lui dit : Cela va bien, bon et fidèle serviteur ; tu as été fidèle en peu de chose, je t'établirai sur	21. Son maître lui répondit : O bon et fidèle serviteur, parce que vous avez été fidèle en peu de chose, je vous éta-

beaucoup ; viens participer à la joie de ton seigneur.

22. Ensuite celui qui avait reçu les deux talents, vint, et dit : Seigneur, tu m'as confié deux talents ; voici, j'en ai gagné deux autres par-dessus.

23. Et son seigneur lui dit : Cela va bien, bon et fidèle serviteur ; tu as été fidèle en peu de chose, je t'établirai sur beaucoup ; entre dans la joie de ton seigneur.

24. Mais celui qui n'avait reçu qu'un talent vint, et dit : Seigneur, je savais que tu es un homme dur, qui moissonnes où tu n'as point semé ; et qui amasses où tu n'as point répandu.

25. C'est pourquoi craignant de perdre ton talent, je suis allé le cacher dans la terre ; voici, tu as ici ce qui t'appartient.

26. Et son seigneur répondant, lui dit : Méchant et lâche serviteur, tu savais que je moissonnais où je n'ai point semé, et que j'amassais où je n'ai point répandu.

27. Il fallait donc que tu donnasses mon argent aux banquiers, et à mon retour je l'aurais reçu avec l'intérêt.

28. Otez-lui donc le talent, et donnez-le à celui qui a les dix talents.

29. Car à chacun qui a, il sera donné, et il en aura en-

blirai sur beaucoup d'autres ; entrez dans la joie de votre seigneur.

22. Celui qui avait reçu deux talents vint aussi se présenter à lui, et lui dit : Seigneur, vous m'aviez mis deux talents entre les mains, en voici, outre ceux-là, deux autres que j'ai gagnés.

23. Son maître lui répondit : O bon et fidèle serviteur, parce que vous avez été fidèle en peu de chose, je vous établirai sur beaucoup d'autres ; entrez dans la joie de votre seigneur.

24. Celui qui n'avait reçu qu'un talent vint ensuite, et lui dit : Seigneur, je sais que vous êtes un homme dur, que vous moissonnez où vous n'avez point semé, et que vous recueillez où vous n'avez rien mis ;

25. C'est pourquoi, comme je vous appréhendais, j'ai été cacher votre talent dans la terre ; le voici, je vous rends ce qui est à vous.

26. Mais son maître lui répondit : Serviteur méchant et paresseux, vous saviez que je moissonne où je n'ai point semé, et que je recueille où je n'ai rien mis ;

27. Vous deviez donc mettre mon argent entre les mains des banquiers, afin qu'à mon retour je retirasse avec usure ce qui est à moi.

28. Qu'on lui ôte donc le talent qu'il a, et qu'on le donne à celui qui a dix talents.

29. Car on donnera à tous ceux qui ont déjà, et ils seront

core plus ; mais à celui qui n'a rien , cela même qu'il a lui sera ôté.

3o. Jetez donc le serviteur inutile dans les ténèbres de dehors ; là il y aura des pleurs et des grincements de dents.

31. Or quand le Fils de l'homme viendra environné de sa gloire , et accompagné de tous les saints anges , alors il s'assiéra sur le trône de sa gloire.

32. Et toutes les nations seront assemblées devant lui ; et il séparera les uns d'avec les autres , comme le berger sépare les brebis d'avec les boucs.

33. Et il mettra les brebis à sa droite , et les boucs à sa gauche.

34. Alors le Roi dira à ceux qui seront à sa droite : Venez, les bénis de mon Père , possédez en héritage le royaume qui vous a été préparé dès la fondation du monde.

35. Car j'ai eu faim, et vous m'avez donné à manger ; j'ai eu soif, et vous m'avez donné à boire ; j'étais étranger , et vous m'avez recueilli ;

36. J'étais nu , et vous m'avez vêtu ; j'étais malade , et vous m'avez visité ; j'étais en prison , et vous êtes venus vers moi.

37. Alors les justes lui répondront , en disant : Seigneur, quand est-ce que nous t'avons vu avoir faim, et que nous t'avons donné à manger ;

comblés de biens ; mais pour celui qui n'a point , on lui ôtera même ce qu'il semble avoir.

3o. Et qu'on jette ce serviteur inutile dans les ténèbres extérieures. C'est là qu'il y aura des pleurs et des grincements de dents.

31. Or quand le Fils de l'homme viendra dans sa majesté, accompagné de tous les anges, il s'assiéra sur le trône de sa gloire.

32. Et, toutes les nations étant assemblées devant lui, il séparera les uns d'avec les autres , comme un berger sépare les brebis d'avec les boucs ;

33. Et il placera les brebis à sa droite , et les boucs à sa gauche.

34. Alors le Roi dira à ceux qui seront à sa droite : Venez, vous qui avez été bénis par mon Père ; possédez le royaume qui vous a été préparé, dès le commencement du monde.

35. Car j'ai eu faim , et vous m'avez donné à manger ; j'ai eu soif, et vous m'avez donné à boire ; j'ai eu besoin de logement, et vous m'avez logé ;

36. J'ai été nu, et vous m'avez revêtu ; j'ai été malade, et vous m'avez visité ; j'ai été en prison, et vous êtes venus me visiter.

37. Alors les justes lui répondront : Seigneur, quand est-ce que nous vous avons vu avoir faim , et que nous vous avons donné à manger ; ou

ou avoir soif., et que nous t'a-vons donné à boire ?

38. Et quand est-ce que nous t'avons vu étranger, et que nous t'avons recueilli ; ou nu, et que nous t'avons vêtu ?

39. Ou quand est-ce que nous t'avons vu malade, ou en prison, et que nous sommes venus vers toi ?

40. Et le Roi répondant, leur dira : En vérité je vous dis, qu'en tant que vous avez fait ces choses à l'un de ces plus petits de mes frères, vous me l'avez fait à moi-même.

41. Alors il dira aussi à ceux qui seront à sa gauche : Maudits, retirez-vous de moi, et allez au feu éternel, qui est préparé au diable et à ses anges.

42. Car j'ai eu faim, et vous ne m'avez point donné à man-ger ; j'ai eu soif, et vous ne m'avez point donné à boire ;

43. J'étais étranger, et vous ne m'avez point recueilli ; j'ai été nu, et vous ne m'avez point vêtu ; j'ai été malade et en prison, et vous ne m'avez point visité.

44. Alors ceux-là aussi lui répondront, en disant : Sei-gneur, quand est-ce que nous t'avons vu avoir faim, ou avoir soif, ou être étranger, ou nu, ou malade, ou en prison, et que nous ne t'avons point se-couru ?

45. Alors il leur répondra, en disant : En vérité, je vous dis, que parce que vous n'a-vez point fait ces choses à l'un

avoir soif, et que nous vous avons donné à boire ?

38. Quand est-ce que nous vous avons vu sans logement, et que nous vous avons logé ; ou nu, et que nous vous avons revêtu ?

39. Et quand est-ce que nous vous avons vu malade, ou en prison, et que nous som-mes venus vous visiter ?

40. Et le Roi leur répondra : Je vous dis, en vérité, autant de fois que vous l'avez fait à l'égard de l'un de ces plus pe-tits de mes frères, c'est à moi-même que vous l'avez fait.

41. Il dira ensuite à ceux qui seront à sa gauche : Re-tirez-vous de moi, maudits ; allez au feu éternel, qui a été préparé pour le diable et pour ses anges.

42. Car j'ai eu faim, et vous ne m'avez pas donné à man-ger ; j'ai eu soif, et vous ne m'avez pas donné à boire ;

43. J'ai eu besoin de loge-ment, et vous ne m'avez pas logé ; j'ai été sans habits, et vous ne m'avez pas revêtu ; j'ai été malade et en prison, et vous ne m'avez pas visité.

44. Alors ils lui répondront aussi : Seigneur, quand est-ce que nous vous avons vu avoir faim, ou avoir soif, ou sans logement, ou sans habit, ou malade, ou dans la prison, et que nous avons manqué à vous assister ?

45. Mais il leur répondra : Je vous dis, en vérité, qu'au-tant de fois que vous avez manqué à rendre ces assistan-

de ces plus petits, vous ne me l'avez point fait aussi.

46. Et ceux-ci s'en iront aux peines éternelles; mais les justes iront jouir de la vie éternelle.

ces à l'un de ces plus petits, vous avez manqué à me les rendre à moi-même.

46. Et alors ceux-ci iront dans le supplice éternel, et les justes dans la vie éternelle.

Méditez ces divines instructions et vous y trouverez tous les germes de la prospérité et de la liberté des nations ; elles résument toute la science de l'économie politique ; il suffit d'un sens commun pour reconnaître que la plus florissante des colonies sera celle où ces lignes immortelles seront gravées, seront burinées dans le cœur de l'enfant, et mises en pratique par un exercice continuel. Ces paroles renferment la vie présente et la vie future ; et la société dont tous les membres jurent d'observer fidèlement les versets qu'on vient de lire, peut déchirer tous les codes.

Les fainéants, les ivrognes, les égoïstes, les brouillons, les idéologues, les faiseurs de systèmes religieux s'affranchiront du joug salutaire de ces lois : ils détruisent souvent plus qu'ils ne produisent. S'ils se contentaient de détruire ce qu'ils gagnent, ce ne serait qu'un petit malheur ; mais ils exhortent par leur exemple à détruire et à consommer sans produire ; ils infectent la société de leurs paroles, de leurs exemples. — Il importe qu'ils soient soumis à l'autorité des autres. Dans les colonies, l'avancement doit être le prix d'une conduite exemplaire dans la vie privée.

XV.

Arrivons aux chiffres ; c'est la langue du dix-neuvième siècle, et disons, sans partialité, que cette langue est charmante en ce qu'elle nous dispense de beaucoup réfléchir et de nous tromper ; sans les chiffres, que deviendraient toutes les transactions du commerce ? Quelle langue pourrait remplacer cette langue lumineuse ?

Pour se faire une idée de l'avantage immense que produiraient les colonies d'Afrique si elles étaient peuplées par des régiments d'élite, nous dirons que tout homme, dont le travail est bien dirigé, doit gagner, chaque année, au moins 200 francs.

En réunissant dans une ferme une famille de sept individus, le père, la mère et cinq enfants, on a obtenu, dans la province d'Anvers, un produit de..................... 1,146 fr. 00 c.

L'entretien de cette famille a coûté...................... 847   00
____

La différence est de.......... 299   00

Les avances nécessaires pour l'établissement de cette famille ont été de 3,587 fr., dont la rente annuelle à 4 pour 100 produit...................... 143   48
____

Produit net..... 156 fr. 52 c.

Ainsi 156 fr. de bénéfice, outre l'intérêt des fonds, et toute une famille nourrie et entretenue, et arrachée peut-être aux désordres et aux horreurs de l'indigence ; ce n'est point ici une théorie ingénieuse, mais un fait accompli sous nos yeux et à nos portes.

Imaginons la belle terre d'Afrique couverte de villages où vont se réfugier les familles françaises que tourmente la misère ; imaginons ces familles formant une société de chrétiens unis par les sentiments généreux du désintéressement et de la bienveillance évangélique, et demandons-nous si, dans l'état actuel de notre population toujours croissante, il existe quelque chose de plus utile que ces établissements.

Au lieu de poursuivre ces frelons d'Arabes qui fuiront devant vous jusqu'à ce qu'ils aient mis entre eux et vous le désert qui doit vous dévorer, qui dévore déjà plus de trente millions par année, ouvrez la tranchée autour d'Alger ; marchez la charrue à la main contre le désert ; faites-le fleurir ; couvrez-le de moissons abondantes, et vous aurez vaincu pour toujours l'Arabe vagabond. Autrement, vous aurez tôt ou tard le sort des Romains devant les Parthes, et d'Alexandre devant les Scythes. Employez vos trésors à nourrir les familles françaises affamées ; mariez, comme le voulaient Henri IV et Sully, l'homme oisif à la terre oisive ; veillez à l'éducation religieuse de leurs familles naissantes, et l'Afrique est à vous.

Mais si vous vous montrez plus spoliateurs que l'Arabe spoliateur ; si vous êtes moins chrétiens que les musulmans ; si vous détruisez ce qu'ils ont édifié ; si vous desséchez ces mêmes jardins qu'ils ont arrosés ; si vous insultez les tombeaux ; si vous apportez la solitude et le désert avec vous, le droit du plus fort dont vous usez aujourd'hui ne sera pas long-temps pour vous le droit du plus fort.

Si la confusion est dans toutes vos idées, si vous confondez dans votre absurde idéologie ceux qui se sacrifient pour servir la France et ceux qui ont sacrifié la France pour se servir, en un mot, si vous ignorez le christianisme, vous manquez des lumières que demande la civilisation.

Tournez donc vos regards vers l'astre éblouissant qui seul dispense ces lumières, qui seul féconde les déserts les plus arides, en un mot, méditez les annales sacrées ; méditez-les, et faites-les méditer à tous vos soldats, à tous vos officiers, et ils y trouveront, non seulement les germes de la prospérité durable de vos colonies africaines, mais encore le fondement impérissable, indestructible de la liberté de leur patrie.

XVI.

Revenons aux chiffres ; sortons des nuages de

l'idéologie et donnons ici le détail des avances et des résultats obtenus en 1822 dans l'établissement libre de Vortel, province d'Anvers.

Le travail préliminaire consiste à défoncer le terrain, ce qui n'exige pas un grand effort d'imagination.

Chaque ferme de sept arpents produit, terme moyen,
400 boisseaux de pommes de terre à 1 fr., ci ..... 400^f
40 demi-boisseaux de seigle à 3 fr. 20 c........ 128
60 boisseaux d'orge à 2 fr. 80 c.............. 168
Légumes de jardin........................... 50
Produit de deux cochons..................... 200
Gagné à filer............................... 200
1146

Voici maintenant la dépense annuelle d'une famille composée de six personnes d'un âge mûr, ou de six enfants au-dessus de six ans et de deux personnes d'un âge mûr.

150 boisseaux de pommes de terre pour manger, à 1 fr............................. 150^f
20 boisseaux de pommes de terre pour planter....................................... 20
48 boisseaux de pommes de terre, 20 boisseaux de farine d'orge, et achat de 2 cochons pour engraisser............................ 124
5 boisseaux de seigle pour semer......... 16
5 boisseaux d'orge...................... 14
60 aunes de toile à 1 fr. l'aune 60

A reporter.......... 384 1146

Report.................... 384ᶠ 1146ᶠ

Achat d'étoffe commune en laine pour vête-
ments.. 72

Façon des habillements.................. 26

La consommation de pain, beurre, huile ou
chandelles, et autres petits objets, à raison de
1 fr. par jour........................... 365

847   847

Pᴿᴼᴰᵁᴵᵀ ɴᴇᴛ..............   299

Les grosses réparations et l'impôt foncier sont
à la charge de la Société qui avance les fonds de
ces établissements. Elle n'exige qu'une somme
annuelle de 100 fr. pour l'intérêt de ses avances ;
il en reste 200 au colon.

Les trois hectares et demi rapportent 300 fr.
L'hectare produirait 84 fr. de revenu net au colon qui aurait lui-même fait les avances de son
établissement.

XVII.

Imaginons deux cent mille petites bouches ar-
rivant chaque année en France, et demandant à
manger par des cris très aigus, très expressifs,
très impératifs. Voilà cependant les visites que
nous recevons en France dans le cours d'une année.

La population s'accroît en France chaque année de 200 mille individus ; en cinq ans, d'un mil-
lion. Elle s'accroîtrait sans doute davantage si la

famine ne menaçait de venir s'asseoir à bien des portes.

Étendons chaque année quatre cents familles françaises sur le fertile territoire d'Alger ; changeons en cris de joie le morne silence du désert, et en espérances les tristes et dangereuses réflexions des familles françaises que tourmente la misère ; mais surtout n'oublions pas l'histoire des Troglodytes. Adieu la joie là où la débauche, l'ivrognerie, le mensonge, l'adultère et l'égoïsme lèvent la tête ; car il faut d'abord nourrir cette congrégation incommode avant de songer à se réjouir.

Ne demandons point à nos corps militaires des austérités trop étrangères à leurs mœurs ; demandons-leur une généreuse fraternité envers leurs semblables ; qu'ils travaillent et qu'ils se réjouissent ; que leurs fêtes soient à la fois guerrières et chrétiennes ; que le gros et sale égoïsme soit banni des cœurs ; que tout respire dans nos camps une discipline sévère, mais adoucie par une généreuse philanthropie ; que dans ces familles les enfants surtout apprennent par cœur les spirituelles paraboles de nos livres sacrés ; que les pensées de l'enfant soient dirigées vers les choses grandes et sublimes ; vers l'astronomie, vers les études historiques de la religion, vers la connaissance des lois destinées à gouverner l'univers.

Qu'une lecture des livres sacrés soit faite les dimanches, ou mieux encore tous les jours pendant quelques minutes par le père, la mère, ou par l'un des enfants de chaque famille, à quelque communion d'ailleurs qu'ils appartiennent; que les uns et les autres apprennent peu de choses, mais de bonnes choses; que dans l'étude de nos livres sacrés ils ne s'arrêtent point aux discussions oiseuses de la théologie, mais aux brillantes instructions qui assurent le bonheur des familles, aux instructions consolantes qui les aident à supporter le fardeau de la vie humaine.

Qui pourrait mettre obstacle à ces actes de piété, qui?

Que rien d'ailleurs ne soit changé aux communions qui nous ont vu naître ou qui intéressent notre conscience; le bon prêtre et le bon pasteur se donnent la main sur l'Evangile.

Dans ces colonies les évangiles seront les régulateurs de l'opinion publique; ils apprendront à distribuer l'estime publique avec intelligence et d'après des règles invariables. Celui qui accomplira le mieux les devoirs rigoureux du chrétien aura le premier rang dans l'estime de ses camarades, et les premiers titres à l'avancement. Alors, mais seulement alors, la colonie sera forte et florissante et respectée des Arabes; elle leur servira de modèle pour des établissements du même genre, et la civilisation sera portée par la France chez des barbares.

FIN.

NOTE

SUR LES AVANTAGES QU'IL Y AURAIT A CONSTRUIRE SUR
DES TERRAINS INCULTES DES CASERNES POUR LA GEN-
DARMERIE DÉPARTEMENTALE.

Pour utiliser les loisirs de notre armée et pour corriger ce que la vie monotone des casernes a de dangereux, on propose d'employer nos soldats à des exploitations agricoles, de telle manière que le produit de
ces exploitations soit partagé entre eux et le gouvernement, comme on le fait en Suède et dans plusieurs des
grands États de l'Europe.

Les Romains, si habiles dans l'art de la guerre,
craignaient plus l'oisiveté que l'ennemi ; plusieurs de
leurs grands généraux firent faire, sans nécessité, à
leurs armées, des travaux immenses afin d'arracher
leurs soldats aux dangers de l'oisiveté reconnue depuis
un temps immémorial pour être la mère de tous les
vices ; les sages Égyptiens la punissaient de mort ; enfin Solon, le législateur facile des Athéniens, voulait
qu'elle fût notée d'infamie.

Ainsi, d'un accord unanime, l'oisiveté de nos soldats est un agent destructeur aussi dangereux sur le
physique que sur le moral de l'armée.

On conçoit en effet qu'une armée qui s'ennuie et qui
dort une partie de la journée, est une armée affaiblie et
déjà diminuée, car aussitôt qu'elle entre en campagne,

un grand nombre de soldats entrent de suite dans les hôpitaux.

Ainsi, occuper l'armée, conserver les forces du soldat et sa santé, lui donner les moyens de fortifier son corps par un exercice salutaire, lui ôter cette maladie qui naît de l'ennui, de l'inaction ou de la répétition fastidieuse des mêmes exercices, en un mot, prévenir les ravages de l'oisiveté, telle serait une partie seulement des avantages qu'on obtiendrait du mode de casernement, objet de cette note. Cette question est donc d'un intérêt colossal.

Il semble qu'on devrait d'abord faire un essai de ce mode de casernement sur la gendarmerie départementale, car un établissement agricole et militaire exigeant des connaissances étrangères à l'art militaire, doit nécessairement être sous la direction spéciale de l'administration civile, et cependant recevoir du ministre de la guerre des avances proportionnées aux avantages qui doivent en résulter pour l'armée.

D'après ce nouveau mode de casernement, le logement des gendarmes serait divisé en autant de petits pavillons qu'il y a de familles; chaque pavillon serait entouré d'un jardin et de sept à huit journaux de terres cultivables.

Si ce premier essai venait à réussir, on pourrait proposer au ministre de la guerre d'entretenir de la même manière une partie des régiments de l'armée, en la distribuant sur les sept millions d'hectares incultes que possède encore aujourd'hui la France. Cette armée serait ensuite toute prête à conquérir pied à pied la régence d'Alger.

Jusqu'ici ce projet n'a rien qui menace le budget de la guerre, puisqu'on ne veut caserner que la même gendarmerie actuellement à la solde de l'État ; on offre d'ailleurs à chacun de nos gendarmes pour lui et pour sa famille, une terre labourée et ensemencée, un jardin, une maison de campagne ; de plus, son traitement intégral, et dans tous les cas le moyen de doubler ce traitement par un travail modéré.

Mais comment l'administration départementale pourra-t-elle s'assurer le remboursement de ses avances? La réponse est fort simple : c'est par un prélèvement sur le produit des terrains amodiés. Les produits de ces terrains seront achetés au prix des mercuriales, et une annuité d'un terme court sera prélevée par l'administration des vivres de l'armée et portée au compte de l'administration départementale, pour éteindre la dette qu'elle aura contractée.

De cette manière, la gendarmerie sera dispensée de tout détail pour la vente de ses produits, et son temps sera réservé à des soins plus importants.

Il suffit de jeter un coup-d'œil sur l'ouvrage de M. Huerne de Pommeuse, où sont exposés tous les détails des établissements de ce genre et tous les avantages qu'on y a reconnus, pour se faire une idée nette du produit qu'on peut en attendre. M. Huerne de Pommeuse affirme que les terrains incultes de la France peuvent offrir les mêmes avantages que ceux de la Belgique ; il faut compter sur l'intelligence du directeur de l'établissement pour utiliser le travail des familles de manière à ce que personne ne reste oisif ; et dans ce cas le revenu annuel serait à peu près de 1,100 fr. ;

nous les réduirons à 900 à cause des exercices et du service éventuel de la gendarmerie que l'on suppose de deux mois par an. On divisera ces 900 francs en deux parties, l'une de 600 qui servira à doubler la solde de chacun des gendarmes, et l'autre de 300 qu'on prélèvera chaque année jusqu'à ce que le département ait recouvré ses avances ; après quoi la même somme sera portée au compte du ministère de la guerre.

Le département décidera s'il veut conserver la propriété foncière de ces casernes pour y placer, à des conditions par lui fixées, les familles qui voudraient changer une profession insuffisante à leurs besoins contre les occupations salutaires et variées de l'agriculture. On ramènerait ainsi à la vie agricole une partie des familles dont les grandes villes surabondent, lesquelles, sans avoir perdu le goût du travail, se sont pour ainsi dire fourvoyées en essayant des spéculations qu'elles ont mal combinées et qui n'ont point réussi.

Un pareil déversoir offert à des familles de bonne conduite, que l'appât trompeur des richesses a conduites dans les villes, serait une institution plus utile peut-être que ces beaux asiles qui, d'ailleurs, ont été ouverts en France par la plus louable philanthropie.

Cette institution pourrait conserver sa dénomination de gendarmerie, sa discipline militaire, et recevoir par des enrôlements volontaires les hommes de bonne conduite qui, dans le département, offriraient des conditions d'enrôlements convenables.

Si l'on se décide à faire au moins quelques essais sur ce mode de casernement, on pourra y faire la comparaison du régime familial, où chaque ménage tra-

vaille isolément, et du régime unitaire où les travaux se
font en commun ; le second produit, dit-on, 75 fr.
lorsque le premier n'en produit seulement que 18
ou 40; du moins tel a été le résultat des observations
le moins favorables au régime unitaire dans les sociétés hollandaises.

On peut dire que le préfet qui réussirait le premier
à faire fleurir un pareil établissement et qui détermi-
nerait les autres départements à créer des casernes semblables, aurait rendu à la France un important service;
il aurait posé la pierre angulaire d'un bel édifice qui
procurerait ensuite à notre patrie d'incalculables avantages sous le rapport moral de ses armées, et, de plus,
des économies qu'il faudrait compter par dizaines de
millions.

Cette institution, ou si l'on veut, ce casernement,
donnerait à toutes les familles de la gendarmerie un
moyen d'apprendre l'agriculture, substituerait la vie
active et laborieuse de la campagne à la vie monotone
et dangereuse des casernes, l'occuperait utilement, lui
préparerait un avenir et augmenterait pour chacun les
agréments de la vie.

Enfin par les enrôlements volontaires qu'on a l'espoir
de voir se multiplier pour ces établissements, on arra-
cherait souvent au malheur un grand nombre de
familles; et quelquefois on aurait échangé un instru-
ment de désordres politiques en un magistrat protecteur de l'ordre et des lois.

S'il arrivait que dans les communes où cette gendarmerie cultivera la terre, les habitants fussent lésés
dans la vente de leurs produits par le travail de ces nou-

veaux concurrents, ce tort serait évalué par un arbi-
trage et réparé par des indemnités convenables aux
frais de l'administration de la guerre, qui en tiendrait
compte dans ses conditions d'enrôlement.

———